ysgol Betsan

siopau'r pentref

safle adeiladu

Coed hir

Y ddinas →

ffatri

ysgol Roco

Beth yw'r sŵn yna?

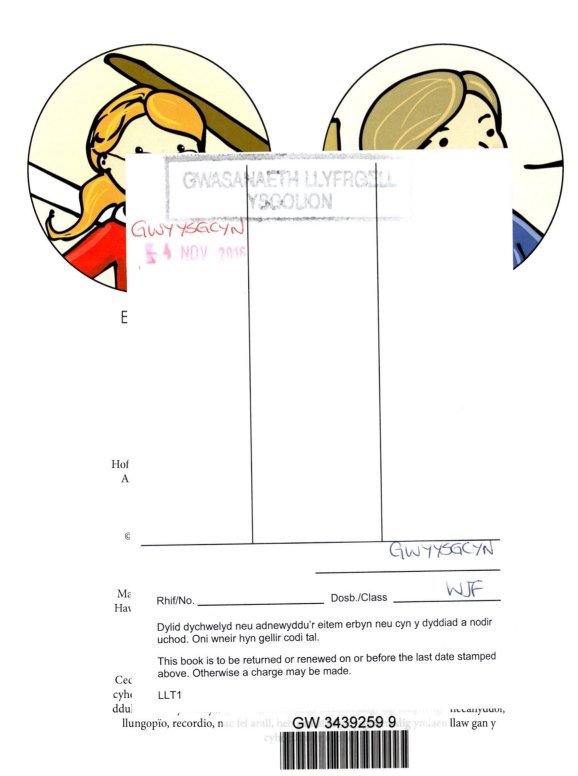

ffenm Modryb Mari

tŷ Mrs Huws

tŷ Betsan

yr hen goeden dderw

ffenm Mr Ifans

canolfan ailgylchu

yr hen orsaf

G
Gn ─┼─ Dn
D

3

10

14

Geirfa

Mam yn gweiddi o bell.

Stompio lawr y grisiau.

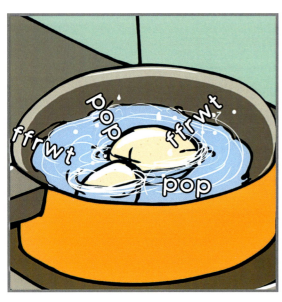

Dŵr berw'n ffrwtian.

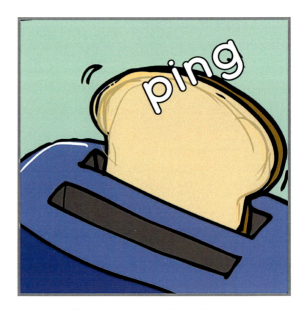

Tost yn y tostiwr.

Amserydd berwi ŵy.

Cracio'r ŵy ar agor.

Cau'r drws yn glep.

Adar yn canu.

Gwynt yn y dail.

Dŵr yn murmur yn y nant.

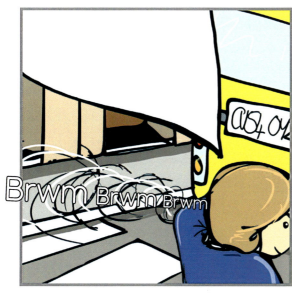

Injan bws yn symud i ffwrdd.

Cloch yr ysgol yn canu.